DU PERCEMENT

DE

L'ISTHME DE SUEZ

NOUVELLES

CONSIDÉRATIONS

PAR

Frédéric de CONINCK

ANCIEN ARMATEUR

> « Le caractère tout commercial est l'âme de l'entreprise, le gage infaillible de son succès et la condition de ses bons résultats financiers. »
>
> FERDINAND DE LESSEPS.

HAVRE

IMPRIMERIE ALPH. LEMALE, QUAI D'ORLÉANS, 9

OCTOBRE 1859.

DU PERCEMENT

DE

L'ISTHME DE SUEZ

DU PERCEMENT

DE

L'ISTHME DE SUEZ

NOUVELLES

CONSIDÉRATIONS

PAR

Frédéric de CONINCK

ANCIEN ARMATEUR

« Le caractère tout commercial est l'âme de l'entreprise, le gage infaillible de son succès et la condition de ses bons résultats financiers. »

FERDINAND DE LESSEPS.

HAVRE

IMPRIMERIE ALPH. LEMALE, QUAI D'ORLÉANS, 9

OCTOBRE 1859.

AVANT-PROPOS

Je viens de lire dans le journal *l'Isthme de Suez* du 1er Octobre 1859, une lettre adressée par M. de Lesseps à M. Sabbathier, actionnaire de sa Compagnie. Dans cette lettre l'honorable fondateur du Canal de Suez déclare très explicitement, que le *caractère commercial est l'âme de l'entreprise, le gage infaillible de son succès et la condition de ses bons résultats financiers.*

Un corps sans âme étant mort et fatalement voué à la destruction, il suffit pour faire tomber toutes les illusions sur les résultats financiers de l'entreprise, de démontrer que le Canal Maritime de Suez, ne saurait avoir cette grande utilité commerciale que lui attribue M. de Lesseps, parce que ce Canal ne créerait pas *une route plus économique* pour le commerce entre l'Europe et l'Inde.

Depuis que j'ai écrit, l'année dernière, les « *Lettres sur le percement de l'Isthme de Suez* » (lettres si maltraitées par la Compagnie), des faits nouveaux se sont produits, qui sanctionnent, et au-delà, les opinions que j'ai émises sur le peu d'avantages qu'offrirait au Commerce Maritime, la création d'un Canal de grande navigation à travers l'Isthme de Suez, si dispendieux à creuser et à entretenir à huit mètres de profondeur.

Si les faits, auxquels je fais ici allusion, avaient été portés à la connaissance des Actionnaires par le journal chargé de les éclairer, je me serais tu ; mais *l'Isthme de Suez* se taisant, je parlerai ; heureux si je pouvais contribuer à arrêter sur les bords de l'abîme, les *deux cent millions* qui y restent suspendus par l'hésitation que met le Sultan à ratifier la concession conditionnelle faite à M. de Lesseps par le Vice-Roi d'Egypte.

Dans le même numéro du journal l'*Isthme de Suez*, je trouve que M. Dupanloup, évêque d'Orléans et membre de l'Académie, le même Prélat qui vient de donner une si verte leçon de politique aux souverains de l'Europe sous forme de *Lettre-Pastorale*, a écrit récemment dans une autre de ces lettres : « le Canon ouvre un continent et par » cette ouverture, on verra passer Dieu. »

« L'obstination victorieuse de M. de Lesseps, perce les » terres de Suez et à travers les mers rapprochées, c'est » un chemin plus rapide ouvert à l'Évangile vers les » Indes. »

Certes, si je pouvais partager cette opinion, je ne ferais

rien pour entraver le percement de l'Isthme de Suez ; mais je considère la sainte cause de l'Évangile comme complétement désintéressée dans la question. Nous n'en sommes plus au temps de Vasco de Gama ; et si nos dignes Missionnaires désirent porter *la Bonne-nouvelle* dans l'Indo-Chine par Suez, plutôt que par le Cap de Bonne-Espérance, ils n'ont pas à attendre le bon vouloir du Sultan et ensuite la fin des travaux de M. de Lesseps. Ils peuvent partir dès demain ; le Chemin de Fer d'Alexandrie à Suez est ouvert depuis longtemps et la *quarantième partie* de l'intérêt du Capital que le Canal absorberait suffirait pour les porter tous gratis à leur destination ! (1)

---

(1) Deux cent millions à cinq pour cent font dix millions, dont la quarantième partie fait 250,000 francs. J'offre de passer un marché de dix ans, à deux cent cinquante mille francs par an, pour porter gratis, de Marseille par Suez, dans n'importe quel port de l'Inde ou de l'Indo-Chine, tous les Missionnaires qui voudront s'y rendre, en les faisant passer par le chemin de fer qui traverse l'Isthme. Ils verraient ainsi *Alexandrie* et *le Caire*, ce qui serait assurément plus intéressant, et peut-être moins fiévreux, que de voir *Peluse* et *les bords du Lac Timsah !*

N. B. — Les disciples de Mahomet, que la Compagnie du Canal de Suez se propose de porter en grand nombre à Djeddah, pour de là aller à la Mecque, ne seraient pas compris dans l'arrangement que je propose : moins universel en matière de Religion que ladite Compagnie, je ne m'occupe que des intérêts Chrétiens, et je laisse aux enfants du Prophète, qui veulent aller à la Mecque ou à Medine adorer son berceau ou son tombeau, le soin de s'y rendre comme ils l'ont fait jusqu'ici.

Par les mêmes raisons je ne saurais me laisser enthousiasmer en faveur du Canal, par les pensées si désintéressées et si bien exprimées de M. Sabbathier, toujours dans le même numéro du journal *l'Isthme de Suez*.

Cet honorable Actionnaire ne veut pas de bénéfices, et sous ce rapport il sera, je crois, pleinement satisfait ; mais il veut trouver dans son sacrifice, *un moyen de rapprocher la lumière des ténèbres, la civilisation de la barbarie;* en un mot, il veut voir dans l'entreprise *un côté poétique et religieux* qui n'existe pas; puisque, au point de vue de la civilisation et de la propagation de la foi, le Canal ne saurait rien faire de plus que ne fait déjà le Chemin de Fer qui traverse l'Isthme. Aussi M. de Lesseps a-t-il soin de répondre à M. Sabbathier, que le caractère Commercial est l'âme de l'entreprise ; ce qui revient à dire que toute la question se réduit à savoir si le Canal serait ou ne serait pas une route plus économique ouverte au Commerce Maritime, et si, oui ou non, il offrirait aux Actionnaires cette excellente opération financière qui, aux termes des prospectus, devait leur produire ces QUARANTE MILLIONS DE REVENUS, qui ont servi à amorcer tant de Souscripteurs !

Plus que jamais je suis convaincu que les deux questions doivent être résolues par la négative et je vais m'efforcer, une fois de plus, de le prouver.

FRÉDÉRIC DE CONINCK.

Havre, 8 Octobre 1859.

Tandis que le célèbre ingénieur anglais Stephenson doute encore de la possibilité de créer un canal de grande navigation à travers l'Isthme de Suez et fait de l'entreprise une question *scientifique;* tandis que M. Lange, agent de la Compagnie à Londres, en fait une question *politique*, en faisant retentir tous les journaux de ses plaintes, fondées ou non, contre le Gouvernement Anglais; voici que le Gouvernement Hollandais vient de publier, sur cette grande œuvre, un écrit très remarquable, dans lequel elle est réduite à une simple question d'*arithmétique!*

Ce sage Gouvernement a voulu savoir, non si un canal de Suez était faisable, ni ce qu'il pourrait coûter, encore moins quel dividende en pourraient espérer les actionnaires, mais bien, le supposant fait, *si les navires y passeraient.*

2

A cet effet, le Roi de Hollande a nommé une Commission composée de Messieurs :

Le président de la Société de commerce des Pays-Bas.

Les présidents des Chambres de commerce de Amsterdam, de Rotterdam, de Dortdrecht, de Middelbourg et de Harlingen.

Le secrétaire de la Société de commerce des Pays-Bas.

L'ancien président des factoreries de Batavia.

Le principal constructeur de machines à Amsterdam.

Le directeur d'une grande Compagnie de bateaux à vapeur.

Deux professeurs des Universités de Leyde et de Delft.

Et enfin, le célèbre ingénieur hollandais M. Conrad, le même qui a été président de la commission d'ingénieurs envoyée par M. de Lesseps en Egypte.

J'ai sous les yeux le rapport de cette Commission.(1) C'est

(1) De Gevolgen der Doorgraving van de Landengte van Suez.
LA HAYE 1859.

un magnifique travail de 260 pages in-4°, avec cartes, tableaux, etc., et il serait fort à désirer qu'il fût traduit.

Suivant la Commission Hollandaise, un navire à voiles de 800 tonneaux, monté de 25 hommes, met en moyenne :

Du cap Lézard au détroit de la Sonde (1)	84 jours 4/10es
Et mettrait par Suez........................	90 — 5/10es
Soit en plus........	6 jours 1/10e

Le même navire met pour le retour du détroit de la Sonde au cap Lézard .... 94 jours 5/10es

Et mettrait par Suez........................	110 — —
Soit en plus........	15 jours 5/10es

Faisant, aller et retour, 21 jours 6/10e *en plus* par le canal de Suez que par le cap de Bonne-Espérance !

Un navire à voiles *clipper*, c'est-à-dire très mâté et spécialement construit pour une grande marche, met en moyenne, du cap Lézard au détroit de la Sonde :

Par le cap de Bonne-Espérance..........	79 jours 4/10es
Et mettrait par Suez........................	90 — 5/10es
Soit en plus par Suez........	11 jours 1/10e

(1) Les découvertes nautiques du lieutenant Maury ont abrégé l'ancienne route de 15 jours environ.

Le même navire met pour le retour du détroit de la Sonde au cap Lézard :

Par le Cap	89 jours 5/10es
Et mettrait par Suez..........................	110 — —
Soit en plus par Suez........	20 jours 5/10es

Ces chiffres sont significatifs et prouvent que le canal de Suez, fût-il fait, bien peu de navires à voiles, allant du nord de l'Europe ou de l'Amérique vers le détroit de la Sonde, c'est-à-dire à Java, à Sumatra, à Manille, en Chine, en Cochinchine, etc, ou en revenant, passeraient par le canal de Suez.

J'ai démontré ailleurs que si la Commission Hollandaise avait établi ses calculs sur Maurice et la Réunion ou sur l'Australie, au lieu de les établir sur le détroit de la Sonde, le résultat eût été également en faveur de la route du Cap.

Mais la Commission Hollandaise s'est aussi occupée des navires à vapeur. Elle a supposé, d'abord, des navires de 2,400 tonneaux, munis de machines auxiliaires à hélice de 200 chevaux, et elle a calculé l'emploi de la vapeur par la route du Cap et par celle de Suez. Elle estime le voyage du cap Lézard au détroit de la Sonde :

Par le cap de Bonne-Espérance à	71 jours 5/10es
Par le canal de Suez..........................	57 — 5/10es
Soit en moins........	14 jours —

Mais en consommant deux fois plus de charbon en allant par Suez qu'en allant par le Cap.

Le même navire est estimé mettre pour le retour du détroit de la Sonde au cap Lézard :

Par le cap de Bonne-Espérance................	77 jours.
Par le canal de Suez..............................	60 —
Soit en moins........	17 jours.

Mais en consommant toujours deux fois plus de charbon en revenant par Suez qu'en revenant par le Cap.

La Commission Hollandaise a supposé ensuite les mêmes navires, munis de machines de grande puissance, soit de 600 chevaux, et elle dit qu'ils mettent du cap Lézard au détroit de la Sonde :

Par le cap de Bonne-Espérance..........	66 jours 5/10es
Et qu'ils mettraient, allant par le canal de Suez..	57 — 5/10es
Soit en moins par Suez........	9 jours —

Le même navire est estimé mettre pour le retour du détroit de la Sonde au cap Lézard :

Par le cap de Bonne-Espérance..........	71 jours 5/10es
Par le canal de Suez..........	60 — —
Soit en moins par Suez........	11 jours 5/10es

Le navire à vapeur à grande vitesse ferait donc les deux traversées, aller et retour :

		Consommation de Charbon
Par le Cap, en....................	138 jours	2770 ton^x
Et par le canal de Suez, en.	117 » 5/10es	2151 »
Différence en faveur de Suez.	20 jours 5/10es	619 ton^x

Tandis que le même navire, avec machine auxiliaire de 200 chevaux, ferait les deux traversées, aller et retour :

Par le Cap, en....................	148 jours 5/10es	480 ton^x
Par le canal de Suez, en......	117 » 5/10es	1094 »
Différence en faveur de Suez.	31 jours —	
Différence en faveur du Cap.	....	614 ton^x

Je ne m'occuperai plus que de ces derniers ; mais faut-il conclure de ces chiffres que si les navires à voiles ordinaires ou clippers, ne passeraient presque jamais par le canal de Suez, les navires à vapeur à machines auxiliaires y passeraient toujours ?

Je l'avais pensé, et c'est ce qui m'avait fait dire dans mes *Lettres sur le percement de l'Isthme de Suez*, publiées l'année dernière (lettres traitées de *méchant pamphlet* par MM. les administrateurs de la Compagnie.) :

« Le canal de Suez ne verra donc guère passer que les
» tissus, les soies, l'indigo, le thé, les épices fines et autres
» marchandises de grande valeur qui peuvent payer un fret
» élevé, mais qui forment un très faible tonnage, et qui,
» par conséquent, rapporteront fort peu aux actionnaires
» du canal. Un petit nombre de navires à vapeur porteront
» facilement dans l'Inde ou en Chine toutes les marchan-
» dises de valeur que l'Europe peut y envoyer, et en rap-
» porteront les soies, les thés, l'indigo, etc. En chiffrant
» tout ce tonnage aux estimations les plus élevées, on
» n'arriverait même pas à 300,000 tonneaux, au lieu de
» 3,000,000 de tonneaux, sur lesquels M. de Lesseps en-
» gage les actionnaires à compter comme un minimum. »

Mais depuis que j'ai vu le travail de la Commission Hollandaise et que des faits nouveaux se sont révélés, même postérieurement à la publication de ce travail, j'ai pu me convaincre que j'avais fait *beaucoup trop bonne mesure* aux recettes présumées du canal de Suez.

Il y a d'abord bien moins de marchandises dites *de valeur* que je ne l'avais supposé, pouvant supporter l'augmentation de fret que l'emploi de la vapeur entraîne pour tout voyage de longue haleine. Ainsi, la très majeure partie des thés, le poivre, la cannelle, etc., s'en trouveraient exclus et continueraient à venir par navires à voiles par le Cap.

Ensuite, il n'est pas du tout démontré, d'après les calculs de la Commission Hollandaise et ce que j'ai à y ajouter, que la totalité des marchandises dont le transport serait effectué par navires à vapeur prendrait la route du canal de Suez préférablement à celle du Cap.

En effet, pour gagner, aller et retour, 31 jours, le navire à vapeur allant par Suez aurait à dépenser en moyenne, suivant les calculs de la Commission Hollandaise, 1094 ton[x] charbon, tandis que par le Cap il ne dépenserait que 480 ton[x], faisant une différence de 614 ton[x] qui entraînerait une augmentation de dépense de ....(1) F. 14,571

Les deux droits de passage à travers le canal coûteraient 22 francs par tonneau × 2,400 tonneaux.................................. .... » 52,800

Augmentation de dépense par Suez..............F. 67,371

La Commission Hollandaise a cru qu'il y aurait quelque

---

(1) Calcul extrait du Rapport de la Commission Hollandaise :

Voyage aller et retour du Cap Lézard au détroit de la Sonde,

compensation dans la réduction des primes d'assurances par Suez.

J'ai dit dans mes Lettres sur le percement de l'Isthme de Suez que, vu les dangers de la mer Rouge, je ne croyais à

---

par navire à hélice de 2,400 tonn. avec machine auxiliaire de 200 Chevaux.

VOYAGE D'ALLER

de Mars à Octobre..	par le Cap	71 1/2 jrs	dont	10 1/2 jrs avec vap.
	par Suez ..	55 »		20 » »
	en moins ..	16 1/2 jrs		
	en plus................................			9 1/2 jrs avec vap.
d'Octobre à Mars...	par le Cap	71 1/2 jrs	dont	10 1/2 jrs avec vap.
	par Suez ..	60 »		28 » »
	en moins ..	11 1/2 jrs		
	en plus................................			17 1/2 jrs avec vap.

Moyenne des voyages d'aller .... 14 jours de moins de traversée par Suez.
24 jours de plus avec vapeur.

VOYAGE DE RETOUR.

de Mars à Octobre..	par le Cap	77 jrs	dont	10 1/2 jrs avec vap.
	par Suez ..	56 1/2 »		25 » »
	en moins	20 1/2 jrs		
	en plus			14 1/2 jrs avec vap.

aucune réduction dans les assurances, les primes ne se calculant pas suivant la distance, mais suivant le risque; et les assureurs prenant 1 p. °/₀ du Havre à Bayonne, aussi bien que du Havre à Rio-Janeiro, et parfois 5 p. °/₀ du Havre à St-Pétersbourg, dans le même moment où ils assurent à 2 1/2 p. °/₀ du Havre en Chine, alors qu'il y

---

d'Octobre à Mars...	par le Cap 77 jrs	dont 10 1/2 jrs avec vap.	
	par Suez.. 63 1/2 »	28 » »	
	en moins.. 13 1/2 jrs		
	en plus	18 1/2 jrs avec vap.	

Moyenne des voyages de retour 17 jours de moins de traversée par Suez
26 jours de plus avec vapeur par Suez.

Moyennes aller et retour 31 jours de traversée gagnés par Suez en naviguant 50 jours de plus avec vapeur.

50 jours × 24 heures = 1200 heures × 200 chevaux vapeur × 5 ko par cheval et par heure = 1200 tonneaux charbon.

La Commission Hollandaise en ne comptant que 614 tonneaux semble avoir fait une erreur en faveur du Canal de Suez. J'en trouve une autre dans la somme de F. 14,571 à laquelle cette différence de 614 tonneaux (dont 230 sont supposés pris en Egypte) est estimée. Cette somme doit évidemment être sensiblement augmentée en faveur de la route du Cap.

a 500 lieues du Havre à St-Pétersbourg et 4,600 lieues (1) du Havre à Canton !

Aujourd'hui j'affirme qu'il y aurait augmentation et augmentation sensible de prime par Suez. Et qui oserait le nier en voyant qu'en deux mois trois grands navires A VAPEUR se sont perdus dans la mer Rouge, où un quatrième est resté échoué et en perdition pendant cinq jours ! savoir :

En juin 1859, l'*Alma*, perdu à Mooshed-Jerah.

En juillet, le *Mariout*, perdu à Cosseir.

En août, le *Hedjaz*, perdu près de Suez.

Le 20 août, le *Northan*, emportant de Suez la malle pour l'Australie, s'est échoué en face de Djeddah, et n'a pu être relevé que le 25 août, avec avaries. (2)

---

(1)

Du Havre à la Ligne 22° O.	1,200	Lieues.
De la Ligne 22° O. au Cap de Bonne-Espérance.	1,000	—
Du Cap de B.-E. au Détroit de la Sonde	1,800	—
Du Détroit de la Sonde à Canton	600	—
	4,600	Lieues.

(2) Comment expliquer que le journal l'*Isthme de Suez*, fondé pour éclairer les Actionnaires, n'ait pas jugé à propos d'allumer

Ne voulant pas m'en tenir à ma propre opinion, j'ai consulté les meilleurs appréciateurs de risques maritimes du *Lloyd* anglais, et ils m'ont dit qu'ils estimaient la prime d'assurance par Suez au double de ce qu'elle est par le Cap. On assure à 1 1/2 % par navire à voiles de Calcutta à un port de la Manche par le Cap, et par Suez la prime serait au moins de 3 %, disent-ils.

---

son Phare pour leur signaler que *quatre Navires à Vapeur* sont venus s'échouer en moins de trois mois, sur des points très éloignés les uns des autres, dans la mer Rouge?

Le 1er Mars dernier, le journal l'*Isthme de Suez* disait à ces mêmes Actionnaires : « *La mer Rouge est probablement la seule » mer du monde où depuis des années on n'ait pas signalé un nau- » frage.* » Cette opinion, fort controversée, a reçu peu de mois après *la plus éclatante des contradictions*, et, sans doute par le principe que *toute vérité n'est pas bonne à dire*, le journal de l'*Isthme de Suez* n'a *rien dit* et laisse croire aux Actionnaires, qui ne lisent pas les Journaux maritimes, que la mer Rouge offre toute sécurité à la navigation, même à voiles !...

Le journal l'*Isthme de Suez* peut-il croire que les Actionnaires du percement de l'Isthme n'aimeraient pas mieux être exactement informés de faits sur lesquels repose tout le succès ou l'insuccès du Canal, que de lire dans ses colonnes qu'il existe quelque part dans la Haute-Asie, à plusieurs milliers de kilomètres de Suez, *un Village de 23 Maisons, nommé* AMBA-SACHALGAN, *chaque Maison ayant son Jardin, dans lequel on cultive des radis-gris, des poireaux, de l'ail, des haricots, etc., et auprès desquels on voit courir des petits cochons de la Chine, des poules, etc. ?*

S'il y avait 1 1/2 % augmentation de prime pour *le retour*, on peut bien estimer cette augmentation à 1/2 % pour l'aller et dire hardiment que pour *l'aller et le retour* il y aurait 2 % d'augmentation de prime d'assurance en allant par le canal de Suez plutôt que par le Cap.

Une cargaison de 15 à 1,800 tonneaux, allant de l'Europe dans l'Inde, ou revenant de l'Inde en Europe, par navire à vapeur, ne saurait en moyenne, être estimée à moins de F. 1,500,000.

Le navire à vapeur lui-même aurait une valeur d'au moins F. 1,000,000.

C'est donc sur une valeur totale de F. 2,500,000 au moins, que porterait l'augmentation de prime d'assurance, et elle serait ainsi de F. 50,000 pour l'aller et le retour.

Je viens de dire, d'accord avec la Commission Hollandaise, que l'augmentation de dépense, en passant par le canal de Suez plutôt que par le Cap, serait de F. 67,371

A cette somme il faut ajouter l'augmentation de prime d'assurances de........................ » 50,000

et on aura une augmentation totale de............F. 117,371
pour gagner, 31 jours aller et retour !

L'avantage de ces 31 jours peut se chiffrer ainsi :

Bénéfice d'intérêts à 6 % l'an sur un capital de F. 2,500,000 pour corps et cargaison, 1/2 %	F.	12,500
Un mois économie de vivres et gages.........	»	7,500
Un mois économie d'usure........................	»	10,000
Économie totale...............	F.	30,000

Ainsi pour gagner F. 30,000, il faudrait dépenser F. 117,371 pour se donner le plaisir de passer avec un navire à vapeur par le canal de Suez plutôt que par le Cap! Tel est le résultat des calculs de la Commission Hollandaise, modifiés par moi en ce qui touche les assurances seulement.

L'augmentation de prime serait, sans doute, beaucoup plus forte par navires à voiles, car les personnes que j'ai consultées disent : « Les risques de la mer Rouge sont con-» sidérés comme si dangereux qu'il est extrêmement » difficile d'assurer les chargements de charbon envoyés » à Suez. »

Si la Commission Hollandaise, au lieu de prendre son point de départ et d'arrivée au cap Lézard, comme elle le devait faire au point de vue du commerce maritime de la Hollande et de tout le nord de l'Europe, avait pris ce point dans la Méditerranée, il est évident que le résultat de ses calculs eût été différent ; mais il est facile de se convaincre qu'ils n'auraient présenté aucun avantage de nature à justifier le creusement du canal de Suez *comme opération financière*.

Supposons que le point choisi dans la Méditerranée eût été Marseille.

Le navire à voiles mettrait probablement 30 jours de moins, aller et retour, par Suez que par le Cap, au lieu de mettre 21 jours *de plus*, comme on l'a vu lorsque le point de départ et d'arrivée est le cap Lézard.

En estimant le navire à F. 300,000 et la valeur de la cargaison à F. 800,000 le bénéfice serait :

1° 1/2 p. % bénéfice d'intérêts sur F. 1,100,000	F.	5,500
2° Economie de un mois vivres et gages....	»	3,000
3° Economie de un mois d'usure à 10 % l'an	»	2,500
Diminution de dépense en allant par le canal de Suez	F.	11,000

Mais pour faire ce bénéfice, il faudrait payer :

1° F. 22 droit de passage aller et retour par le canal de

Suez, sur 800 tonneaux, soit ....F. 17,600

2° Augmentation de prime d'assurance qui pour navire à voiles serait, aller et retour, *au moins de trois pour cent* sur F. 1,100,000 valeur de navire et cargaison, soit.................. » 33,000

Augmentation de dépense en allant par le canal de Suez (1)..F. 50,600

Pour obtenir une diminution de................. » 11,000

Que l'on augmente les économies et que l'on diminue les dépenses en allant par Suez, on n'arrivera jamais à trouver *une économie* en faveur de cette route, et par conséquent elle ne serait que *très exceptionnellement* prise par les navires à voiles partant même de Marseille et y revenant.

Le Navire à vapeur de 2,400 tonneaux avec machines de 200 chevaux, ayant son point de départ et d'arrivée à Marseille, mettrait probablement 60 jours de moins, aller et retour, par la route de Suez que par celle du Cap de Bonne-Espérance, ainsi que cela résulte des calculs de la Commission Hollandaise.

(1) Les navires à voiles auraient de plus à payer un remorquage pour traverser le Canal, et un remorquage bien autrement coûteux pour arriver au Canal, en revenant. Ils n'en seraient pas moins très exposés à se perdre dans la mer Rouge, puisque quatre navires à vapeur, qui n'avaient rien à remorquer, viennent de s'y perdre en moins de trois mois !

La diminution et l'augmentation de ses dépenses devraient alors être chiffrées comme suit :

Diminutions.

1° 1 % bénéfice d'intérêts sur une cargaison de 1,500,000, et sur la valeur du navire estimé 1,000,000, soit sur F. 2,500,000 .... F. 25,000

2° Deux mois économie de vivres et gages, au plus .... » 15,000

3° Deux mois économie d'usure et réparation, au plus .... » 20,000

Diminution de dépenses en allant par Suez..F. 60,000

Augmentations.

1° F. 22 droit de passage par le canal de Suez, aller et retour, sur 2,400 tonneaux .... F. 52,800

2° Augmentation de prime d'assurance qui, pour aller et retour, serait par navire à vapeur au moins de 2 %, sur F. 2,500,000 valeur de navire et cargaison, soit .... F. 50,000

Augmentation (1)....F. 102,800
Diminution .... » 60,000

Avantage en faveur de la route du Cap de Bonne-Espérance .... F. 42,800

---

(1) Suivant les calculs de la Commission Hollandaise il faudrait même dans ce cas, compter une augmentation de charbon que j'ai négligée ici.

Mais supposons, par impossible, qu'il n'y eût pas d'augmentation de prime d'assurance, pour le passage de la mer Rouge, on aurait alors :

Diminution de dépenses............................	F.	60,000
Mais il faudrait toujours en déduire les droits de Canal, aller et retour........................	»	52,800
Ce qui réduirait l'économie à........................	F.	7,200

pour 1,800 tonn. soit QUATRE FRANCS PAR TONNEAU !!! (1)

---

(1) Le 12 Octobre 1858, M. Ferd. de Lesseps adressait une circulaire aux Agents et Correspondants de la Compagnie Universelle du Canal de Suez pour leur annoncer que la souscription serait ouverte le 5 Novembre suivant et serait close 30 du même mois.

A cette circulaire était jointe *une note* destinée à éclairer les souscripteurs, et signée par M. Ferd. de Lesseps.

Dans cette note on lit :

« *Le bénéfice de la navigation générale obtenu par l'abréviation de la distance est de cinquante francs par Tonneau !* »

Si M. de Lesseps avait raison, les honorables membres de la Commission Hollandaise seraient de bien pauvres calculateurs ; car par *navigation générale* M. de Lesseps a nécessairement entendu parler des Navires à voiles !

N'aurait-il pas bien mieux fait de chercher des renseignements auprès d'Armateurs et d'Assureurs que de demander au Pape de

Mais y eût-il trois fois plus, on ne porterait pas davantage à Marseille ou à Trieste, le Sucre, le Café, le Coton, etc., destiné à la consommation de l'*Angleterre*, du nord de la *France*, de la *Belgique*, de la *Hollande*, de la *Prusse*, des *Pays Scandinaves* et de la *Russie Septentrionale*; c'est-à-dire des pays qui consomment les 3/4 de ce que consomme l'Europe.

Si on faisait cette faute, les prix de ces marchandises seraient bientôt tellement plus remunérateurs à *Londres*, à

---

nommer une commission d'enquête chargée de se prononcer sur l'utilité du percement de l'Isthme de Suez ?

Il existe deux éditions de la note de M. de Lesseps. Toutes deux portent sa signature et la date de 15 Octobre 1858, mais tandis que celle citée ci-dessus porte le bénéfice à 50 francs par tonneau, l'autre dit : « L'ouverture de l'Isthme de Suez abrége la » distance entre l'Europe et les Indes de trois mille lieues en » moyenne de six mille. *Le bénéfice de la navigation générale* » *obtenu par cette abréviation sera donc de cinquante pour cent !* »

Comme il n'y aurait *aucun bénéfice,* cette variante n'a pas d'importance, mais elle témoigne du peu de sérieux qui a présidé à la mise en train de la souscription des Deux cents Millions. N'est-il pas bien étrange par exemple, que les Actionnaires n'aient pas été prévenus en souscrivant, que la Concession faite par le Vice-Roi d'Egypte à M. de Lesseps n'était que *conditionnelle* et resterait à l'état de lettre morte si la Sublime-Porte venait à ne pas la ratifier ?

Liverpool, au *Havre,* à *Anvers,* à *Rotterdam*, à *Amsterdam*, à *Hambourg* etc., qu'à *Marseille* ou à *Trieste*, que les navires recevraient ordre à Suez ou à Peluse, comme aujourd'hui à Falmouth ou à Cowes, d'aller dans un port du nord de l'Europe, et rendus dans les parages *du Cap Lézard,* les calculs de la Commission Hollandaise sont là pour prouver qu'ils retourneraient dans l'Inde *par le Cap de Bonne-Espérance* et non par Suez ! Ils reviendraient encore, pour les 3/4, par la même route parce que le télégraphe viendrait probablement leur apprendre dans l'Inde au moment de leur départ pour revenir, que les marchés du Nord seraient plus avantageux que ceux de la Méditerranée.

Le travail de la Commission Hollandaise et les récents naufrages et échouements de navires à vapeur dans la mer Rouge permettent de dire, une fois de plus, que les calculs, sur lesquels ont été basés les *quarante millions* de revenus, qui ont été promis aux actionnaires de la Compagnie du canal de Suez, sont complétement à refaire ; ce Canal ne pouvant créer au commerce du monde une route plus économique entre les deux hémisphères, et n'ayant dès lors aucune raison d'être *comme opération commerciale.*

Je sais qu'en France on sacrifie parfois beaucoup à *une idée*, mais je sais aussi que même de grands génies y abandonnent leur programme, plutôt que d'exécuter ce qu'ils reconnaissent devoir être *imprudent.*

Je ne suis pas de ces froids calculateurs qui veulent tout soumettre à la balance du DOIT et AVOIR, et je pense, au contraire, que la gloire d'avoir créé une grande entreprise d'utilité publique peut n'avoir pas été trop chèrement achetée par la perte de son argent. Mais y a-t-il grande utilité publique à créer le canal de Suez ? Je ne le crois pas, et j'ai aujourd'hui, la profonde conviction que l'énorme capital que cette entreprise absorberait, pourrait être *beaucoup plus utilement employé* tant pour le pays que pour les actionnaires.

Le chemin de fer d'Alexandrie à Suez permet de porter, comme on dit, *la lumière de l'Occident vers les ténèbres de l'Orient*, aussi vite, sinon plus vite, que ne pourrait le faire le Canal, qui ne saurait ainsi devenir le promoteur d'aucun progrès moral ; et lorsque je vois l'honorable M. de Lesseps dire encore aujourd'hui à ses actionnaires : que son entreprise offre *à la civilisation, à la religion et à la diffusion des lumières une arène presque indéfinie*, je me permets de croire qu'il se trompe et qu'il les induit en erreur.

Si, après avoir soumis à une commission, composée d'ingénieurs les plus illustres, la question de *la possibilité* du percement de l'Isthme de Suez, M. de Lesseps avait soumis à une autre commission, composée d'armateurs et d'assureurs, la question *d'utilité pratique de l'entreprise*, et de probabilité de quarante millions de revenus pour les actionnaires, n'est-il pas bien permis de croire qu'il n'existerait pas aujourd'hui de *Compagnie Universelle du Canal Maritime de Suez?* Elle n'existerait, je crois, pas davantage, si pendant la souscription les colonnes de presque tous les journaux français n'avaient pas été *hermétiquement fermées* à toutes critiques ou contradictions !

Ce qui n'a pas été fait alors, peut encore être fait aujourd'hui.

M. de Lesseps a dans son portefeuille une lettre ainsi conçue :

« A mon dévoué ami de haute naissance et de rang élevé

» M. Ferdinand de Lesseps,

» La concession accordée à la Compagnie Universelle du
» Canal de Suez devant être ratifiée par S. M. le Sultan,
» je vous remets cette copie pour que vous la conserviez
» par devers vous.

» Quant aux travaux relatifs au creusement du Canal de
» Suez, ils ne seront commencés qu'après l'autorisation de
» la Sublime Porte.

» Le 3 Ramadan 1271.

Cachet du Vice-Roi.

» Pour traduction conforme au texte turc,

» *Le Secrétaire des commandements de S. A. le Vice-Roi*

» Signé : KOENIG-BEY. »

Alexandrie, 19 Mai 1855.

S'il est vrai, comme le prétend le *Journal de l'Isthme de Suez*, que le gouvernement anglais cherche à retenir la main qui doit ratifier la concession, il faut bien reconnaître aussi que, de son côté, l'honorable M. de Lesseps, a cherché à *forcer cette même main*, puisque, sans attendre son autorisation, et en violation flagrante des conditions de sa concession, il a été donner, le 25 Avril dernier, ce premier et si retentissant *coup de pioche*, dont le bruit à été si mal sonnant à Constantinople! (1)

(1) Le 15 Mars 1859, le journal l'*Isthme de Suez* mettait dans son sommaire en lettres majuscules : INAUGURATION DES TRAVAUX DU CANAL MARITIME *de Suez*. — LE PREMIER COUP DE PIOCHE. — Vient ensuite le discours prononcé par M. de Lesseps, le 25 Avril, avant *le premier coup de pioche*. On y lit : « *l'Entreprise dont l'exécution commence aujourd'hui*, etc., etc. » Puis vient un article ronflant du journal l'*Isthme de Suez, sur le premier coup de pioche*. On y lit : « Encore quelques mois et le premier navire qui partira » de Marseille, pavoisé des couleurs de tous les peuples maritimes, » ira porter la bonne nouvelle de l'Occident à l'Orient, et multiplier les rapports de la religion, du commerce, des idées, de » l'industrie, entre la civilisation de l'Europe et la barbarie » asiatique! »

Le 26 Avril, M. le comte de Galbert, membre du Conseil d'Administration de la Compagnie Universelle du Canal maritime de Suez, écrivait des Lacs de Menzalet (Egypte) :

« Hier, huit heures du matin, M. de Lesseps, en présence des » Délégués du Conseil d'Administration, de l'Entrepreneur géné-

Au milieu de ces tiraillements, *le second coup de pioche* peut se faire longtemps attendre et il me semble que les loisirs de la Compagnie ne sauraient être plus utilement

---

» ral, de 150 employés européens et ouvriers arabes, inaugurait » l'ouverture de la tranchée du Canal maritime et l'inauguration » de Port-Saïd. »

Avait-on l'autorisation de la Sublime Porte? — Nullement; et on entendait bien s'en passer malgré la clause de l'Acte de Concession, portant :

« Quant aux travaux relatifs au creusement du Canal de Suez, » ils ne seront commencés qu'après l'autorisation de la Sublime » Porte. »

Aussi, le 9 Juin 1859, Chériff-Pacha, ministre des Affaires Étrangères du Vice-Roi d'Egypte, a-t-il écrit ce qui suit à M. de Lesseps :

« S. A. le Vice-Roi d'Egypte, en accordant la concession du » Canal de l'Isthme de Suez, a établi les clauses selon lesquelles » devait être réalisée cette grande entreprise. Les firmans relatifs » à cet objet expriment formellement la réserve de la ratification » de S. M. le Sultan et la condition que les travaux de perce- » ment ne seront exécutés qu'après l'autorisation de la Sublime » Porte.

» Son Altesse a pris soin de manifester ses dispositions » sympathiques et bienveillantes pour une œuvre d'un intérêt » aussi éminemment universel, mais elle est toutefois décidée à

employés qu'à vérifier les calculs de la Commission Hollandaise et à envoyer une Commission auprès du LLOYD de Londres, pour savoir à quoi s'en tenir sur le taux des pri-

---

» ne pas souffrir que sous aucun pretexte, il soit procédé à des
» opérations qui ne devront être faites qu'après que l'approba-
» tion à laquelle elles sont soumises aura été obtenue, etc., etc. »

M. de Lesseps, qui n'admet pas, à ce qu'il paraît, que la Sublime Porte ni son Vice-Roi en Egypte, soient maîtres chez eux, a *protesté* contre l'interdiction de continuer les travaux, et a déclaré *qu'il ne se livrait qu'à des Etudes et Opérations préparatoires !* Cela est très bien *pour Alexandrie* et *pour Constantinople*, mais pourquoi alors écrire *à Paris*, après *le premier coup de pioche :* « Encore quelques mois, et le premier navire qui partira
» de Marseille, pavoisé des couleurs de tous les peuples mari-
» times, ira porter la bonne nouvelle de l'Occident à l'Orient, et
» multiplier les rapports de la religion, du commerce, des
» idées, de l'industrie, entre la civilisation de l'Europe et de la
» abarbarie siatique !

Si, comme c'est fort à désirer, la Sublime Porte persiste à refuser aux Actionnaires du Canal de Suez le droit de perdre l'argent de la France, et si la Compagnie continue à s'en tenir aux *Etudes* et aux *Travaux préparatoires*, j'ai bien peur que le navire si bien pavoisé, qui, sur la foi du journal l'*Isthme de Suez*, partira dans quelques mois de Marseille pour l'Inde par Suez, ne soit obligé de débarquer à Alexandrie *les idées* dont il sera chargé, et de les envoyer par le chemin de fer à Suez. Elles n'en arriveront que plus vite à destination, et la barbarie asiatique jouira quelques heures plus tôt des bienfaits de la civilisation de l'Europe !

mes d'assurances pour la navigation de la mer Rouge; car il est de la dernière évidence, que si les calculs de la Commission Hollandaise sont exacts, et s'il est vrai que les primes d'assurances seraient plus élevées par la route de Suez que par celle du Cap de Bonne-Espérance, il n'y aurait pas à beaucoup près, le mouvement maritime sur lequel on a si imprudemment compté, en fermant les yeux à la lumière !

Si la Sublime Porte, soit dans l'intérêt des 96,517 actions souscrites par des Turcs ou par des Egyptiens, soit dans celui du Chemin de Fer d'Alexandrie à Suez, qui appartient au Vice-Roi d'Egypte, et auquel le Canal pourrait faire concurrence, soit, enfin, par tout autre motif, qu'elle n'a pas à déduire, persistait à refuser sa ratification à la concession *conditionnelle* faite à M. de Lesseps, il faudrait bien renoncer à une entreprise devenue impossible, liquider la Compagnie et rembourser les fonds versés et non employés. Pourquoi donc les Actionnaires ne le feraient-ils pas dès aujourd'hui, si, éclairés par le remarquable travail de la Commission Hollandaise, et par les récents et nombreux naufrages dans la mer Rouge, ils venaient à reconnaître qu'ils ont été induits gravement en erreur, non-seulement en ce qui touche le revenu probable de 20 % attribué à l'entreprise, mais encore en ce qui concerne son utilité, comme moyen D'ABRÉGER DE MOITIÉ ET DE RENDRE BEAUCOUP PLUS ÉCONOMIQUES les grands rapports commerciaux entre l'Europe et l'Inde, ou de contribuer *à la diffusion des lumières ?*

Le canal de Suez serait incontestablement d'une grande utilité pour le gouvernement anglais, lorsque, une fois tous les cinq ou six ans, il aurait à envoyer une flotte et une armée dans ses possessions de l'Inde pour exterminer des Cipaies révoltés, ou pour envoyer plus loin châtier des Chinois orgueilleux et insolents, et les forcer à leur vendre du thé, à leur acheter de l'opium, et à recevoir des Ambassadeurs dont ils ne veulent pas ; mais ce n'est sans doute pas pour servir l'intérêt anglais, que des Actionnaires français ont souscrit CENT DIX MILLIONS !

Comment ces Actionnaires n'ont-ils pas eu plus tôt les yeux ouverts, en voyant à côté de leur énorme souscription de...(1) F. 110,000,000

Les Anglais, si avides de bons placements, ne souscrire que pour................ F. 2,042,500

Et les Hollandais, si riches et si bons calculateurs ne souscrire que pour........ F. 1,307,000

Ces chiffres n'étaient-ils pas plus éloquents que tous les raisonnements ?

---

(1) Voir la lettre de M. de Lesseps dans le journal l'*Isthme de Suez* du 10 Décembre 1858.

On ne tire pas deux moutures du même sac, et *cent millions* inutilement perdus dans le percement de l'Isthme de Suez seraient *cent millions* de moins à employer en France en création de chemins de fer, en manufactures, etc.

Les Actionnaires du canal de Suez pensent-ils, par exemple, qu'ils ne serviraient pas bien mieux l'intérêt de la France et le leur, s'ils laissaient là une entreprise, dans laquelle ils n'ont que la ruine en perspective, pour former au capital de 80 à 100 millions, une puissante Compagnie de Paquebots Transatlantiques (1) sous la direction d'un homme d'un talent aussi transcendant et d'une persévérance aussi rare que ceux dont M. Ferdinand de Lesseps a fourni tant de preuves ?

La perte d'un capital aussi considérable que celui qui se trouve engagé dans le projet du percement de l'Isthme de Suez, n'est pas seulement l'affaire des Actionnaires, qui ne m'ont pas donné mandat pour les défendre, mais elle est aussi celle du pays tout entier ; car la fortune publique n'est que la réunion de toutes les fortunes particulières, et chacun a mission de veiller à ce qu'elle soit employée le plus utilement et le plus fructueusement possible.

FRÉDÉRIC DE CONINCK.

---

(1) Subventionnés de 14 millions.

APPENDICE

Je n'ai voulu traiter dans cet écrit, que la question Commerciale. Je n'avais donc pas à revenir sur les appréciations des revenus agricoles de la Compagnie Universelle du Canal Maritime de Suez.

On se rappelle que ces revenus figuraient pour *Six Millions* dans les *Quarante Millions* annoncés aux Actionnaires, et que ces Six Millions étaient trouvés par le simple procédé de dire :

24,000 hectares × F. 250 par hectare = F. 6,000,000 !

On se rappelle aussi, que voyant les meilleures terres de la fertile Normandie se louer bien difficilement F. 125 l'hectare ; sachant qu'il y a en Egypte beaucoup plus d'excellentes terres à cultiver qu'il n'y a d'habitants pour les cultiver; et voyant le blé se vendre habituellement à très bas prix à Alexandrie, j'ai émis quelques doutes sur ce revenu de *deux cent cinquante francs* attribué aux 24,000 hectares de la Compagnie !

Là dessus grande colère de la Compagnie ; j'étais un homme plein de déraison, d'ignorance et de mauvaise foi ; je n'avais ni oreilles, ni yeux ; j'avais matériellement faussé la vérité, etc., etc.

Aujourd'hui je viens déclarer que, depuis mes *lettres sur le percement de l'Isthme de Suez,* qui sont du mois de Décembre 1858, la Compagnie a justifié d'un revenu, non pas de F. 250, mais de F. 797,88 c. par hectare !

Le 1er Avril 1859, le Journal de la Compagnie a publié un article de 10 colonnes intitulé :

DE LA CULTURE DU PAVOT

(papaver somniferum)

DANS LES DOMAINES DE LA COMPAGNIE UNIVERSELLE.

Je dois avouer que j'ai, après avoir lu le titre de l'article, passé neuf colonnes pour arriver bien éveillé à la dixième, contenant *la conclusion* que je copie :

« Supposons les 24,000 hectares plantés de Pavots.
» Un hectare étant de 10,000 mètres carrés et un *bigah*
» mesurant une surface de 4,840 mètres carrés, nous
» aurons 240,000,000 de mètres carrés en culture de
» Pavots, qui convertis en *bigahs*, donneront 49,586 de
» ces mesures agraires. »

» Rappelant ce que nous avons dit antérieurement,
» que chaque *bigah* en culture donne de 5 à 12 seers,
» c'est-à-dire 10 à 24 livres ; en prenant pour moyenne
» 8 kilogrammes, nous obtiendrons un total général
» de 396,688 kilogrammes d'Opium annuel. Mais nous
» avons dit que chaque caisse d'Opium pesait en
» moyenne 58 kilogrammes. Ce diviseur nous donnera
» donc un quotient de 6,839 caisses. Nous évaluons la
« caisse d'Opium à 700 piculus, soit F. 4,200 à un
» change convenable. Elles produiront donc un total
» général de F. 28,723,800.

» Admettant pour dépenses, charges éventualités de
» toute sorte, un tiers à soustraire, il restera un excédent
» ou bénéfice net de F. 19,149,200, au profit des
» Actionnaires de l'honorable Compagnie de l'Isthme
» de Suez. »

$$\frac{\text{19,149,200 francs.}}{\text{24,000 hectares.}} = \text{F. 797 88 c. pour 1 hectare.}$$

Qu'il me soit permis en terminant de demander à la Compagnie Universelle du Canal Maritime de Suez, si les 480 vénérables membres du clergé, qui sont devenus Actionnaires comme l'honorable M. Sabbathier, à un point de vue religieux et civilisateur, et plutôt par devoir que par spéculation, ont bien compris que la Compagnie entend leur faire gagner de l'argent, si possible, en portant des Mahométans vers la Mecque et en cultivant sur une vaste échelle cet affreux Opium, qui contribue tant à maintenir la Chine fermée au Christianisme en donnant aux Chinois une si fausse idée de ce qu'est la morale chrétienne.

Parler ainsi religion au clergé, diffusion de lumières aux savants, et profits, par tous les moyens possibles, aux gens à argent, c'est s'exposer à ne contenter personne. »

FRÉDÉRIC DE CONINCK.

www.ingramcontent.com/pod-product-compliance
Ingram Content Group UK Ltd.
Pitfield, Milton Keynes, MK11 3LW, UK
UKHW032003260826
14628UKWH00005B/2260

9 782013 268608